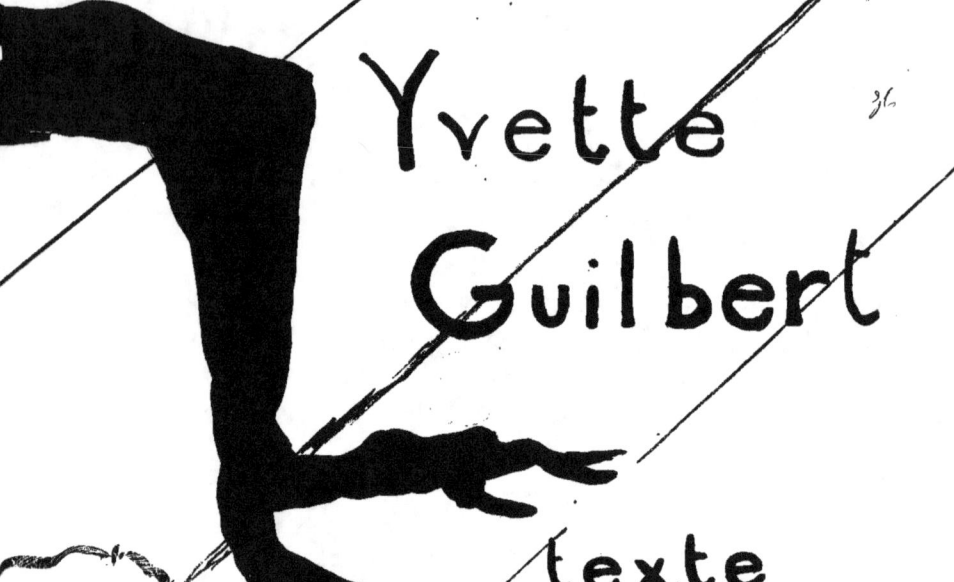

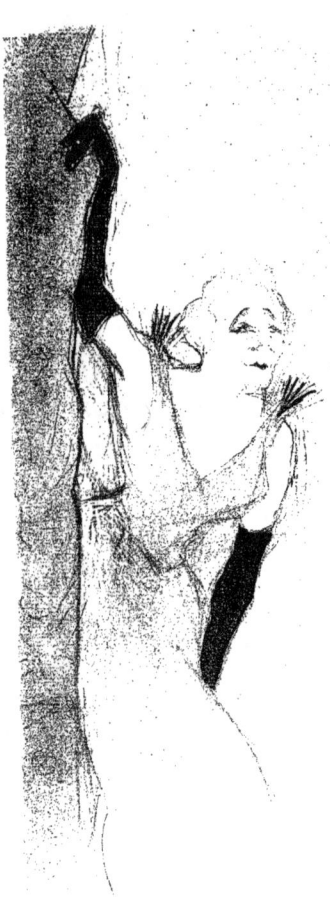

héritée, l'Église et la Bourse, le Palais et la Caserne. Mais qui ne consentira, dans l'avenir, à l'effritement et à l'écroulement des monuments, si chacun peut enfin jouir de sa maison et de son jardin, de ses fleurs, de sa ruche et de son arbre ? Le fameux idéal invoqué comporte trop de truffes et de champagne pour les uns, et pas assez même de pain sec pour les autres. Ce sera tout bénéfice pour l'humanité si elle entend et comprend d'une certaine façon ce qui lui sera crié : « Il n'y a pas d'idéal, il y a la soupe et le bœuf, il faut vivre d'abord, créer de la vie, posséder la Terre, lui faire donner son maximum de bonheur. » Ce sera là le commencement de l'action.

Ce sera la conclusion de ces feuilles, si vous le voulez bien. La chanteuse Yvette Guilbert, lorsqu'elle a fini sa chanson, et qu'elle se sauve, la gorge âcre de la fumée respirée, toute sa personne imprégnée de l'atmosphère chaude, où va-t-elle ? Elle saute dans un train, quitte Paris, se rafraîchit à l'air sain de l'espace, retrouve son jardin et sa rivière de Vaux. Humanité tombée au café-concert, fais comme ta chanteuse, aussitôt que tu le pourras, quitte les grandes villes, retourne à la nature avec ce que tu as appris d'histoire et de civilisation, cherche l'ombre de l'arbre, le chant de la branche et du sillon, contente-toi du petit jardin autour duquel il y a l'espace, vis ta propre existence, unis-toi à la Terre enfin dominée par la Pensée.

GUSTAVE GEFFROY.

deront à voir le personnel du brillant lupanar, les couchers, les levers et les lavages de ces dames. Qu'en pensez-vous, et n'est-ce pas de la révolte qui finit en envie et en bassesse ?

On trouve cela, à l'analyse, dans les éléments confondus au café-concert, comme on y trouve l'instinct de nature exprimé par Rabelais, et le moyen sentiment de gaudriole des chansonniers du Caveau et des romanciers grivois, Désaugiers et Béranger, Pigault-Lebrun et Paul de Kock. Comment faire le tri dans tout cela, parmi ces ingénuités et ces ordures, comment garder le sentiment de nature et proscrire l'obscénité, comment sauver le rire et défalquer la goujaterie, comment vouloir la seule vérité et la mettre à la place de tout faux idéal ? L'exemple seul, et le temps, peuvent accomplir l'œuvre. C'est toujours et partout que dix justes et même un seul juste peuvent sauver une ville. Il y a de bons ferments dans la bourgeoisie et dans le peuple. Qu'ils se joignent donc et fassent un nouveau monde, ou tout s'en va. Agissez, cadets de la bourgeoisie, intermédiaires attendus, comme ont agi les cadets de la noblesse aux premiers jours révolutionnaires, renoncez et affirmez à la fois, agissez, il est temps !

Bientôt, en bas, dans la région de travail et de misère, on ne croira plus à rien. Le désagrègement va s'achever, les liens avec le passé se rompent un à un. La romance est en baisse, et le drapeau aussi. A quoi sert de se dissimuler ce qui est, de ne pas vouloir voir. Ce jeu n'empêche pas les choses d'être. La période est difficile à passer dans le présent, et sera encore plus difficile à passer dans l'avenir, cela est certain. Il faut pourtant marcher quand même, continuer la vie. L'idée de justice veut sa solution, et elle l'aura, à travers tout. Pour cela, bien des décors qui sont encore debout s'effondreront, tout ce qui constitue la civilisation

Ils en donnent un, il est suivi, et ils s'étonnent, ils grognent que le peuple ait perdu l'idéal. C'est le contraire qui serait étonnant. Si l'esprit jouisseur et gouailleur s'installe dans une partie de la population, c'est qu'il a été fait pour cela tout ce qu'il fallait. Tout est à la rigolade dans ce que l'on appelle la société. Des hommes s'occupent de leur toilette autant que les femmes, vivent pour leurs organes, fêtent leur ventre comme un dieu. Pourquoi les passants ne s'attrouperaient-ils pas au défilé des voitures, aux vitres des restaurants chics, et ne finiraient-ils pas par apprendre qu'il y a à des dessous aux déclarations morales, et des dessous vite aperçus, une débauche à peine secrète, un éreintement général d'une quinzaine ou d'une vingtaine d'années avant le mariage d'argent. Et pourquoi ces passants qui peinent pour gagner leur vie et qui ne connaissent que les logis hasardeux, les nourritures insuffisantes, le vin corrosif, plus rien de naturel, rien que du falsifié, du gâté, du pourri, pourquoi ne s'aviseraient-ils pas d'être hommes comme tant d'autres hommes, c'est-à-dire envieux, malfaisants, et tout au moins curieux de ce qui s'affiche avec tranquillité. Pourquoi ne s'en iraient-ils pas à la dérive comme la belle jeunesse et la respectable vieillesse qui défilent devant eux, ramollies et joyeuses.

Ne cherchez pas ailleurs que dans l'homme semblable à l'homme les raisons du dévergondage qui vous offusque, du cynisme qui vous effraie. Ceux qui ne peuvent pas avoir la réalité des choses veulent au moins en avoir les apparences, le spectacle. Ils s'en vont donc là où le fumet cherché affectera leurs narines, ils iront se récréer de la niaiserie et de la crapule, ils deman-

Aussi, dit-on, ce n'est pas ce reproche qui est formulé, ce tressaillement est trouvé bon. Chaque fois que la foule est ingénue et croyante, elle plaît à ses maîtres.

Quoi donc?

Le reproche, c'est que ce frisson ne soit pas assez prolongé, c'est que tout de suite le feu d'artifice s'éteigne dans les eaux croupissantes, que tous quittent le Drapeau pour aller au Plaisir, et au plaisir proclamé défendu, à la corruption, à la luxure, à l'ivresse.

Plaisant et funèbre réquisitoire ! Ceux qui le rédigent avec indignation ne s'aperçoivent-ils pas du singulier état d'esprit qu'ils révèlent? C'est la corruption d'en bas qui les choque, non celle d'en haut. Or, celle d'en bas est une suite, un aboutissement fatal. La corruption gagne de proche en proche, se propage comme une inondation, se répand partout, dans les coins reculés que l'on aurait pu croire hors de ses atteintes. Pendant longtemps, les intéressés ont pu croire qu'elle serait un monopole, qu'ils la garderaient pour eux seuls et leurs intimes, que la masse des hommes trouverait une compensation suffisante dans les phrases héroïques, bénisseuses et endormeuses. De même que l'on trouvait la religion bonne pour le peuple, pour des raisons identiques le plaisir était proclamé bon pour quelques-uns. Les dirigeants oublient vraiment par trop de se réserver une part de ce gâteau de l'idéal affirmé par eux si délicieux. Ils se nourrissent d'autres festins. Quoi d'étonnant si le désir et la faim sont venus à ceux qui les regardaient manger d'un air si heureux, si supérieur, si au-dessus de la commune misère. Les dirigeants n'ont pas dirigé, ils ont dépravé. L'histoire de la Monarchie française avorte et crève comme un abcès sous Louis XV. On y a mis le fer sous Louis XVI, mais la contagion s'était répandue, et le Tiers-Etat puritain, vêtu de drap noir, qui prit la place de la noblesse en faillite, se pervertit bien vite à la possession du pouvoir et des écus. Depuis cent ans, les dirigeants laissent leurs devoirs d'éducateurs pour jouir de la minute qui passe, et en jouir mal. Tous les petits fragments de souveraineté disent le même « Après moi le déluge » que disait l'autre. Ils sont les privilégiés de la possession et du savoir, ils doivent l'exemple et celui qu'ils donneront sera imité.

Romance, chauvinisme, appelez cela du nom que vous voudrez, cette poésie au sucre ou à la poudre, désolez-vous de sa niaiserie et de son mensonge. Encore une fois, cette qualité inférieure est du fait de ceux qui osent prendre la parole et non de ceux qui l'écoutent. C'est la vile séduction des fillettes qui s'exprime par la voix du ténor lorsqu'il roucoule la chanson des nids, qu'il excite aux promenades par les champs, à la lisière des bois, lorsqu'il fait les étoiles complices des chutes, des abandons, des infanticides et des prostitutions. C'est la servitude que prêche le baryton lorsqu'il excite la multitude à se ruer aux champs de bataille, les peuples à supprimer les peuples, et qu'il donne à adorer le cheval cabré du conquérant, le panache et le sabre.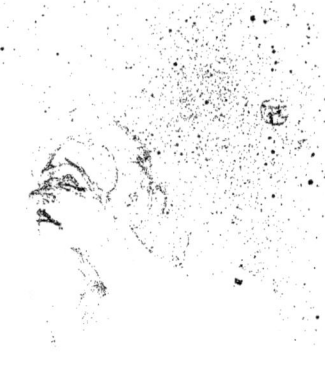

Mais le frisson qui parcourt les malheureux à l'écoute, bouche bée, le cœur battant, ce frisson n'a rien de vil, c'est par des mots généreux qu'il est provoqué, c'est par la croyance à quelque motif vague et proclamé supérieur. En même temps qu'elle est réaliste, cette foule est idéaliste, elle est l'exacte représentation de l'humanité, et elle n'a pas cessé de croire aux mots. Coupables sont ceux qui prononcent ces mots sans y croire, qui les maquillent, qui les galvaudent, qui les érigent en raison sociale, qui les traînent aux mauvais lieux. Écrivains sadiques ou roucouleurs de romances, patriotards de tribune parlementaire ou de scène de café-concert, c'est la même race exploiteuse de la crédulité. Mais l'amour est tout de même l'admirable et profond sentiment, la poésie vitale, et la patrie, annonciatrice d'humanité, le lien le plus fort, l'agrandissement de la famille, l'unité de langage, la création d'idées et de chef-d'œuvres, la preuve d'une pensée d'avenir, l'affirmation de la survivance. Que la foule tressaille à ce mot d'amour et à ce mot de patrie, quel que soit le tintamarre qui les accompagne, qui songera à lui reprocher ce tressaillement ?

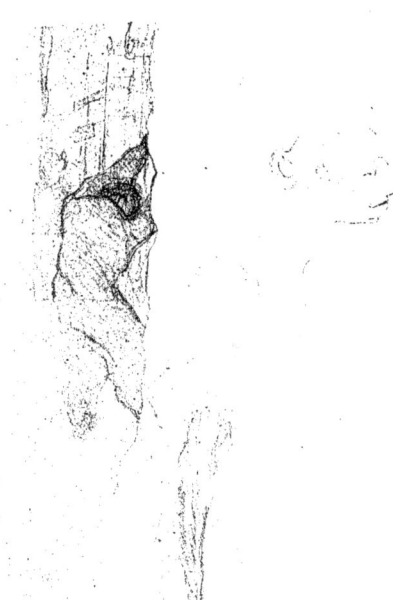

n'apportent que leur instinct. Ils veulent qu'on leur parle, mais ils ne savent que confusément ce qu'ils veulent qu'on leur dise. S'ils le savaient, ils se le diraient eux-mêmes, réaliseraient sans aide la conception harmonique. Il se trouve qu'ils ont besoin des autres pour se formuler une signification de la vie, mais ce n'est pas de leur faute si ces autres abusent de cette nécessité, ou ne sont pas à la hauteur de leur fonction. La foule est confiante, elle accepte comme de la vérité et de la poésie ce qui lui est offert. Avant de la réformer, elle, cette foule, réformez-vous donc vous mêmes, vous qui lui parlez, soi-disant apporteurs de vérité, prétendus poètes. Ne dites pas que vous lui donnez ce qu'elle aime, qu'elle vous force à vos cuisines. Il n'y a de sûr que ceci : c'est qu'elle a faim et soif, qu'elle veut manger et boire, et qu'elle mange et boit ce que vous lui servez, pour ne pas tomber d'inanition. Elle croit que c'est cela, la vérité, que c'est cela, la poésie, que c'est cela, la chanson, et elle se précipite en affamée, comme se précipite l'enfant naïf. Il est affreux de lui donner, pour la réjouir et l'apaiser, les infectes sauces, le mauvais pain, le mauvais vin, le tord-boyaux.

L'assistance conviée à ces festins s'habituerait bien à d'autres mets. Pas tout de suite, peut-être, car elle a le palais brûlé, le goût dépravé, l'estomac effondré, et les saveurs naturelles lui paraîtraient mystificatrices. Les patients soumis depuis si longtemps à ce régime débilitant, excitant et abrutissant, ne peuvent se sentir tout de suite remis en liberté, rendus à la saine perception des choses.

Tout de même, aujourd'hui, dans le grouillement des couplets grossiers qui excitent les instincts à la brutalité sans leur dire les fins de la nature et l'épanouissement de la matière par l'esprit, qu'il se fasse un appel à la sentimentalité ou au désintéressement, il sera entendu.

L'estomac, la tripe et le reste ont ainsi leur fête. Les nécessaires fonctions humaines ont leur apothéose.

C'est désolant, répugnant, mais que l'on ne se hâte pas tout de même de jeter une défaveur spéciale sur ceux qui vont se réjouir de ces rappels des conditions de la vie. Ils font partie d'une lignée, ils sont dans une tradition qui n'est pas moins que l'une des traditions classiques françaises.

Il n'est peut-être pas nécessaire d'ouvrir les bibliothèques, de rechercher toutes les pièces justificatives. Il suffit d'éveiller le souvenir, de montrer l'âme d'un pays flottante au-dessus de l'Histoire. La France n'est-elle pas une terre de vignes, de la Bourgogne au Bordelais, du Jura à la Touraine, de la Champagne au Roussillon ? Il est difficile, à ceux qui sont nés de cette race, d'échapper aux antécédents séculaires, à cette vapeur de terroir. La France ne fut-elle pas aussi un séjour d'amour vif et de galants propos ? Et son réalisme aussi s'embarrassa-t-il des basses fonctions, contrepoids nécessaires d'une cérébralité alerte, rétablissement d'équilibre utile à la spéculation de la pensée ? N'en a-t-il pas été fait un élément de comique et de force ?

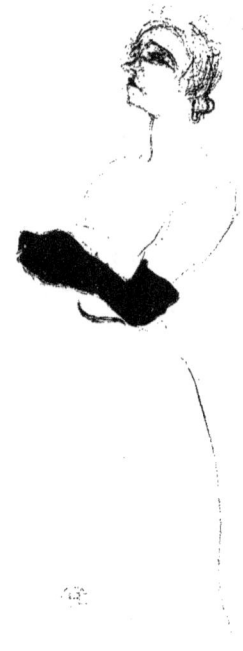

En plein moyen-âge, aux pierres même des cathédrales, ce réalisme de la race s'affirme et triomphe, nargue le destin, se réjouit de la minute concédée à l'être. La nationalité française n'a pas attendu le grand docteur François Rabelais, le bon docteur qui décrète la Renaissance, qui rassure définitivement l'humanité, qui lui enjoint d'accepter son sort et de vivre sa vie.

Hélas ! sans doute, le rabelaisisme est à bon marché, et ceux qui se payent de mots et détournent les ordures en affirmant continuer l'ancêtre, n'ont rien recueilli de la haute philosophie du vaste esprit, de son mystérieux savoir, de sa prévoyante et bienveillante conscience. Ils pataugent dans le marécage d'une manière, ne s'en iront jamais, comme l'autre, sur le libre océan de la pensée.

Mais ceux-là qui viennent du fin fond des foules pour assister à quelque spectacle, entendre quelque parole, ceux-là éclairé électriquement, qu'en Angleterre.

Et encore ?

La soirée achevée lentement avec la femme et les mioches, l'heure du repas liée à l'heure du sommeil par quelque causerie, ou quelque promenade au long de la rue de faubourg. C'est la manière la plus usitée, en somme. On les verra tous, l'été, en groupe au pas des portes, ou assis au bord du trottoir, ou attablés autour de la table de zinc. Le samedi, c'est le théâtre, le théâtre suburbain, et c'est surtout le café-concert, et nous y voilà revenus.

C'est donc là ce que veut la foule, ou une partie de la foule, ce que veut la foule ouvrière à Belleville et à Montparnasse, ce que veut la foule bureaucrate et commerçante boulevard de Strasbourg et faubourg Saint-Denis. Elle veut de la musique, des illuminations, et de la gaîté, de la gaîté surtout, la gaîté du petit bleu, de la chair et des déjections !

Voir apparaître un pochard, un type titubant, la cravate défaite, les mains pendantes, le chapeau de travers, le nez rouge, le petit œil brillant, et l'entendre dégoiser le récit de tout ce qu'il a bu et vomi en revenant de Suresnes, et d'ailleurs, de n'importe où il y a des comptoirs de zinc, des litres et des verres, c'est une joie.

C'en est une autre que d'assister aux ébats d'une commère qui raconte les privautés de l'alcôve avec ses yeux, son sourire, ses mots entrecoupés, son torse, ses hanches, tout.

C'en est encore une autre que de respirer l'incongruité, la purge et le water-closet.

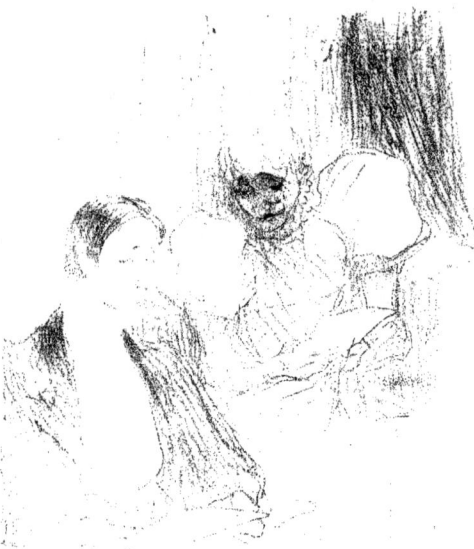

Même au fond des provinces, dans les bourgs perdus, des hommes en habit de drap, endimanchés, mais abstentionnistes, resteront au cabaret pendant messe et vêpres.

Le cabaret ? C'est encore un lieu d'asile offert à l'homme de travail. Le marchand de vin sévit partout, débite, avec son vin frelaté, l'absinthe empoisonnée, l'eau-de-vie incendiaire. Hélas ! l'homme de travail en use, pas autant qu'on le dit, mais trop, beaucoup trop, autant que l'oisif use du café et du restaurant, et certains apportent là une frénésie de malades, un désespoir de miséreux. Ils donnent leurs forces à ces fées dorées, vertes et rouges, du comptoir, à ces naïades de feu qui gazouillent dans les alambics et appellent les passants. C'est un mal universel, la recherche du stupéfiant, le laisser-aller dans l'oubli, et ceux qui vont à l'église se saoûlent comme ceux qui n'y vont pas.

Quoi encore ? Qu'est-il offert au peuple ?

Les cours du soir ? Ils sont suivis par un petit nombre, de ceux qui savent surmonter leur fatigue. La lecture dans les bibliothèques publiques ? La lecture à domicile ? Il faut être préparé, entraîné à la lecture, pour trouver le charme à ces voyages de l'esprit. Les travailleurs manuels sont peu enclins, forcément, aux longues et fortes méditations après dix, douze heures de métier. Réduisez d'abord la journée de travail. Des employés lisent, collectionnent des livraisons.

Et encore ?

Le musée ? Il est fermé à cinq heures en été, à quatre en hiver. Il n'y a de South Kensington ouvert jusqu'à dix heures,

manière quelconque le temps laissé libre par le travail. Que lui offre-t-on d'autre comme organisation de repos et de plaisir ?

L'Eglise ? Oui, c'est là la pensée secrète, la même chez la bourgeoisie d'aujourd'hui que chez l'aristocratie d'autrefois. C'est à l'Eglise que l'on voudrait bien envoyer le peuple, et même en ce moment un suprême effort est tenté, nos bourgeois sont prêts à toutes les simagrées, se trémoussent odieusement pour singer la foi qu'ils n'ont plus, avec l'espoir de la communiquer, de rendre la torpeur à la masse menaçante. C'était si commode, un remède si endormeur du présent, si bon préparateur de l'avenir. Sottise que d'y avoir renoncé ! Comment persuader de nouveau à ce troupeau humain qu'il lui faut accepter toutes les charges, tous les renoncements, toutes les misères, avec la seule compensation d'un paradis chimérique ? Peine perdue ! On ne redonne pas la foi à volonté, pas plus, d'ailleurs, qu'on ne l'ôte. On aura beau dire, répéter sur tous les tons que c'est la faute à Voltaire, crier haro sur le positivisme, sur le matérialisme, sur le savoir, sur tout ce que l'on voudra, — ces clameurs ne donneront pas le change, et les périodes nouvelles vécues par l'humanité sont des ensembles auxquels les individus ne peuvent rien changer. Que la haute bourgeoisie effarée invoque la mule du Pape ou la botte de Napoléon, comme elle nous en donne le spectacle assez répugnant depuis quelque temps, rien n'y fera. Voltaire a de l'action, certes, et heureusement, mais il est encore bien plus un produit qu'un producteur d'action. Le populaire ne va plus à l'Eglise parce qu'il ne veut plus y aller, et voilà tout. Il s'est aperçu de la mystification sociale et il est devenu méfiant. Autrefois il y avait trône et l'autel, aujourd'hui, c'est la caisse et l'autel. Flair de payant, payant de toutes les manières ! Voilà pourquoi on aperçoit les bons types en redingote obstinés à rester à la porte des églises, lors des cérémonies tarifées. Le croyant apôtre disparaît en même temps que s'affirme le prêtre fonctionnaire.

préparent à l'autorité, et ils les ont installées, monumentales et luxueuses, faites pour recevoir les fils de la bourgeoisie, en face l'Hôtel-Dieu primaire du pauvre, ou le triste chalet de planches de la municipalité. Nulle enquête sur les goûts et les facultés, nulle possibilité pour certains de continuer les études commencées. Les uns doivent sortir de l'école à douze ans pour entrer à l'atelier et à l'usine. Les autres continuent leurs monômes jusqu'à l'âge d'homme en les entremêlant des expériences de la galanterie dans les brasseries du Boul'Mich. On constitue ainsi, partout et en tout, les directions nécessaires.

Croit-on, en regardant ainsi le début de l'existence de l'homme des villes s'écarter du sujet mis en question, de ce café-concert où défilent les silhouettes pittoresques d'Yvette Guilbert? Nullement. L'éternel sujet, le drame partout présent, c'est l'homme. C'est le même être que vous rencontrerez sans cesse, cherchant à résoudre l'énigme de sa vie, sciemment ou inconsciemment, par toutes ses pensées, par tous ses actes, par toutes les manifestations de son instinct.

Cet homme, le premier venu, celui de la foule, vous venez de le voir à ses commencements pourvu d'un moyen insuffisant. Il est né, et le voilà parti pour la tombe. Il va vivre un au-jour-le-jour laborieux pendant quelques brèves années, on lui prendra une partie de sa jeunesse pour la caserne, une partie de son gain pour l'impôt, il connaîtra tant bien que mal l'amour, la paternité, pour continuer les destinées de la terre, il sera l'engrais social avant d'être l'engrais naturel.

Véritablement, pourquoi voulez-vous que cet homme là n'aille pas au café-concert ? C'est la seule porte qui lui soit ouverte, la seule maison qui lui soit hospitalière. Pour un prix infime en proportion, il est placé comme un abonné des mardis de la Comédie-Française ; pour presque rien, il peut entrer et se trouver avec ses semblables. Il faut bien, tout de même, qu'il emploie d'une

admis à les donner aussi facilement, sur la simple inspection de l'affiche.
La journée finie, le dîner vite pris, la course faite, il est bien temps de
se présenter au guichet d'un théâtre ! Les quelques places du parterre au
Théâtre-Français ou à l'Opéra-Comique sont vite prises par ceux qui ont pu
attendre l'ouverture des portes entre les balustrades. Il reste les étages supé-
rieurs, d'où l'on entend et l'on voit comme on peut. Et encore ne faut-il pas
compter sur le premier rang.

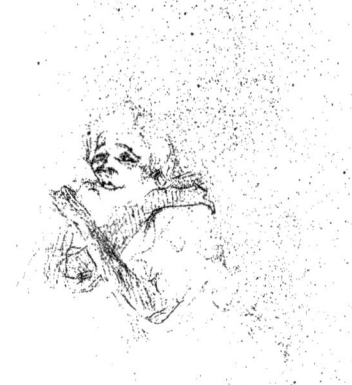

Le plaisir, ainsi, devient vite une fatigue et une peine, une humiliation
pour les plus humbles. Pour être assis, pour voir et pour entendre, ce n'est
pas cinquante sous qu'il faut donner, c'est cinq francs, ou sept francs, et plus,
en s'y prenant d'avance. Le populo estime qu'il vaut mieux entrer tout de go,
à l'heure que l'on veut, au café-concert, s'installer devant un verre, sortir son
tabac et bourrer sa pipe.

Nous sommes en mil huit cent quatre-vingt-quatorze, et il va y avoir
bientôt vingt-quatre ans que la troisième République existe. Depuis ce temps-
là, et même depuis un peu plus longtemps, les plus retentissants orateurs de la
démocratie n'ont cessé de réclamer la mise enfin à l'ordre du jour de l'éduca-
tion du peuple. Ils ont affirmé en discours et en écrits la nécessité de faire et
de parfaire la mentalité et la moralité de l'homme nouveau. Mais en pratique,
et même dans la plus simple pratique, ils se sont montrés plus timides.
Nombre d'efforts, et des plus sincères, des mieux persistants, des plus tenaces,
ont porté sur l'Ecole. Qui oserait en contester ici l'utilité et la justice ? Seuls
quelques personnages, parfois instruits et gradés, proclament le mal fondé de ce budget d'instruction. Ils diraient volontiers, et ils disent,
qu'il faut l'ignorance pour le peuple, comme il lui faut la religion. Eux peuvent se passer de l'une et de l'autre, et s'en passent, à l'aide de
quelques consolations matérielles extraites des biens de ce monde. Aussi ont-ils inventé les Ecoles fondées sur l'esprit de caste, celles qui

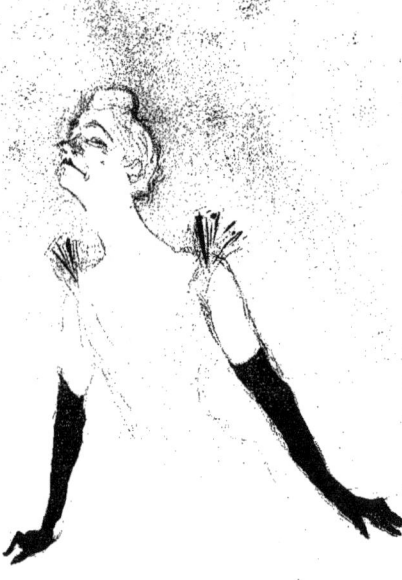

choisissent les pièces dont ils veulent se donner les représentations de lecture à eux-mêmes, sans décors et sans acteurs, sur la scène de l'imagination.

Pour les autres, l'important, qu'ils l'avouent donc, est de sortir de chez eux où ils s'ennuient, et de s'en aller n'importe où chercher la lumière, le bruit, et la complicité tacite de la foule, des êtres semblables à eux, de la cohue des ennuyés.

En venir là, à cette constatation, c'est en venir, non à la défense du café-concert, — le monstre est vivace, et nul ne défendrait son insolente santé, — mais à la défense, ou plutôt, à l'explication du public du café-concert.

On n'a pas tout dit quand on a dit l'abjection du spectacle, le bas-fond remué, la montée du ruisseau, la débâcle de fange. Le réquisitoire a souvent été fait, et il est facilement fait, il se formule de lui-même.

Mais cette masse riante, qui applaudit les niaiseries et les cochonneries, pourquoi est-elle là ? Tous ces gens qui pourraient donner leurs cinquante sous au Drame, à la Comédie, ou à l'Opéra...

Comment dites-vous cela ?

Quelle erreur est la vôtre ! Ces cinquante sous, ils pourraient les porter ailleurs, mais savez-vous bien à quelles conditions ? Avez-vous réfléchi aux misères et aux vexations de la vie, à tout ce qui poursuit le misérable homme, la pauvre unité sociale, jusque dans ses plaisirs ? Ces cinquante sous, pris sur le nécessaire, sur la paie de la semaine, sur les appointements du mois, sur les bénéfices de la boutique, on n'est pas

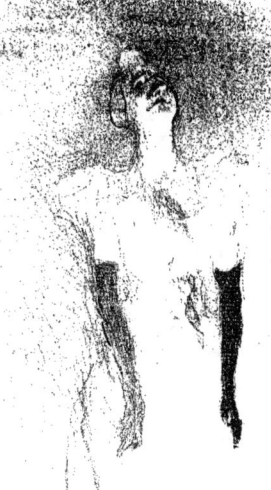

C'est affreux, blessant, et vous, Monsieur, ou Madame, vous vous lèverez, quitterez votre siège, fuirez ce lieu empesté, déclarerez sur le seuil que jamais plus vous ne reviendrez respirer cette atmosphère, entendre ces cris, assister à ce scandale.

Il est certain que la répulsion peut être vive, que l'esprit peut gagner là un malaise, un effroi, un dégoût, une sorte de courbature morale dont il sera quelque temps à se défaire. Et même, il se peut concevoir un sentiment moins vif, moins horrifié, moins agressif, qui rejette néanmoins ceux qui auraient tenté la fâcheuse expérience à leurs passe-temps acceptés, musiquettes convenues, plates comédies, ordinaires vaudevilles, tels que l'on peut en trouver dans les théâtres les mieux tenus. Au moins, un décorum est conservé, les femmes rient derrière l'éventail et les hommes ne fument pas à l'orchestre. Mais avouez que l'intellectualité du plaisir admis n'est pas toujours sensiblement supérieure. Et avouez aussi que la déclaration contre le café-concert, si elle est quelquefois, chez quelques-uns, sincère, peut se trouver aussi, chez un grand nombre, hypocrite. Il y a des faits et il y a des présomptions.

Les faits, c'est que le public des cafés-concerts, de certains tout au moins, varie avec les jours, et finit par résumer assez bien les différents états des couches sociales. Il y a même une saison de l'année, de Juillet à Septembre, où le public habituel est presque totalement remplacé. C'est l'époque des concerts en plein air, dans les verdures, sous les astres. La scène est installée, cette fois, assez loin des faubourgs, et si quelques fidèles émigrent, si les étrangers affluent, il n'est pas interdit de croire que nombre de spectateurs des théâtres d'hiver changent de distraction avec l'été. Comme on chante les mêmes choses sous le ciel étoilé que sous les quinquets, c'est donc l'atmosphère matérielle qui était, pour beaucoup, l'objection, et non l'atmosphère morale.

La vérité, c'est qu'il n'y a pas, dans une grande ville telle que Paris, de si grandes différences de public. Ou plutôt, la grande différence crée une infime minorité et une immense majorité. Et il y a ceux qui restent chez eux, qui

Telle quelle, arabesque vivante, froide ironiste, précise diseuse, rieuse en dedans, sensuelle et acerbe, nerveuse comédienne, muse d'une atmosphère de mort, cette Yvette Guilbert adoptée par ceux qu'elle raille, mise en vedette sur l'affiche de Paris, représente à l'heure actuelle le mélange du café-concert, et par cela même une des manières d'être de la foule d'aujourd'hui. Elle a la signification, l'importance de Thérésa à la fin du Second Empire. C'est donc son image qui devait être évoquée au début de ces pages, et son nom qui pouvait être mis en enseigne logique à cette suite de réflexions sur le café-concert et l'esprit de la foule.

Yvette Guilbert a apporté sur la scène du café-concert de l'originalité, de la voix, de l'ironie, mais le café-concert vivrait, et il vit souvent ainsi, sans talents, sans poésie, sans musique, sans rien. Il vivrait avec les apparences, avec le seul décor de la chanson. Le flamboiement du gaz à la porte, ou la nappe lunaire de la lumière électrique, des affiches grimaçantes, des noms en vedette, des visages glabres d'hommes, des visages plâtrés de femmes. A l'intérieur, l'odeur de la bière et du tabac, des rangs serrés de fauteuils, l'orchestre tapageur et gai, un rideau qui se lève, quelqu'un qui apparaît et qui chante selon l'un des genres admis. Il n'en faut pas davantage pour que la foule vienne, compacte et bruyante, au rendez-vous.

Quel attrait mystérieux l'attire donc ? Quelle odeur lui indique la piste ? Quelle lumière voit-elle briller ? Entrez avec elle.

Quoi que l'on chante, et chanté par n'importe qui, si les couplets ressortent du patriotisme, de l'obscénité, de la scatologie, la joie sera unanime, vous assisterez au rire brutal, à la pâmoison naïve, aux bravos d'enthousiasme.

Yvette Guilbert

Avant de savoir ce qu'elle chante, on entend qu'elle chante bien, et qu'elle dit bien. Son premier secret est là : elle prononce, elle articule, elle expédie les mots dans toute la salle, ou à travers le jardin des Champs-Élysées, elle perce le brouillard de fumée de tabac, la vapeur d'alcool, la buée des haleines. Chaque syllabe arrive en flèche, décochée par le gosier, par les dents, par la langue, portée sur la claire onde sonore, transparente, à la fois ferme et frêle comme un cristal vibrant. Son second secret, c'est son flair de chanteuse, son odorat qui a subodoré l'arôme de la pourriture dite fin-de-siècle, — l'odieux mot sans signification et qui en acquiert une, et qu'il faut bien se résigner à écrire. Elle s'est trouvée là tout exprès pour dresser une statue gaie et macabre, en chair, en robe claire et en gants noirs, pour faire entendre une voix ennuyée et mordante, qui chante la noce sur des airs d'enterrement. La bouche est ironique, le nez a le comique français, à l'évent, et la face blanche apparaît tout à coup funèbre, les paupières mortes. D'autres secrets, elle en a sans doute, mais qui sont les siens, des secrets d'instinct et de volonté. Et puis, elle a sa personne, qu'elle plie à toutes les gymnastiques, à toutes les contorsions, mais qui n'en reste pas moins une personne ondulante et gracieuse, d'une apparition inattendue lorsqu'elle jaillit des coulisses d'un pas délibéré, et qui se brise et s'évapore en lignes fuyantes lorsqu'elle disparaît dans un salut.

IL A ÉTÉ TIRÉ CENT EXEMPLAIRES DE CE LIVRE

EXEMPLAIRE N°

ÉDITÉ PAR « L'ESTAMPE ORIGINALE »

PARIS, 17, RUE DE ROME

Rés. Im 27
42781

www.ingramcontent.com/pod-product-compliance
Lightning Source LLC
Chambersburg PA
CBHW050041230526
45470CB00003B/1387